光頭仔·非日常

Gwong Tau Zai X-Factor

梁賀
LEGO Liang

非凡出版

獻 給 我 的 父 親 和 孩 子

梁賀
LEGO Liang

生於 1980 年代的中國廣東，目前工作生活在北京及香港。

是一名兼具企業經營者和藝術創作者雙重身份的東方藝術家。

作為幾乎完全在中國改革開放過程中成長起來的一代，在廣東（改革開放的發源地）長大，見證着中國向世界的逐步開放，多元豐富的世界文化與東方文化的交流與衝突構成了他矛盾又多彩的思想世界，使他能在劇烈的變化和動蕩的環境中成長和思考，這也使得他能用打破幾乎一切固有常規的方式創新思考和創作，這在常規美育背景成長的藝術創作者中甚少出現。

梁賀心中一直有個繪本夢，從與自己對話的《光頭仔》系列漫畫出版，到兒子的童言童語被記錄成《宇宙真理大全》，再到小孩慢慢長大，他開始覺得寫故事是比單純的畫面創作更有意思的一件事。這一系列特徵鮮明的繪本原本是梁賀想要講給小孩的故事，其中大多情節源自父與子之間相處的日常，同時，也不乏一些天馬行空充滿想像力的延展，每一個故事甚至一個小片段，都展現出一種樸素的人生智慧和細膩情感，通過光頭仔這一形象表達出來，值得深思與細細品味。

光頭仔的夏秋冬春
2013

光頭仔：你知道我是認真的
2020

光頭仔的九個故事
2024

目錄

你有沒有認真想過
甚麼是優點？甚麼是缺點？

在成人的世界中，可以粗暴地被歸納為
有用的就是優點，沒用的就是缺點。這很堅硬無情。

那如果一個人，毫無優點地存在於這個世界中，會是怎樣呢？
他還有活着的意義麼？

這篇講述光頭仔和豬兩個在生活中幾乎完全沒有世俗優點的朋友，
或相互幫助，或相互欣賞，最終成為摯友的故事。

看完了這個故事，要不你再認真想想？

豬和牠的好朋友
A Pig and it's best friend
LEGO
2024. 10

1. 沒有優點的豬；

豬的手很短
抓不住食物，
也沒法鼓掌。

豬的脖子很短，
轉不過彎來，
更沒法吃長在高處的
果實

豬的腳很短，
根本跑不快，
追不上甚麼"獵物"，
也逃不掉被追殺。

豬的身子很胖，
圓滾滾的，
在茂密的森林裏無法
靈活穿行。

2. 沒有優點的光頭仔

光頭仔的手很短，腳也很短，各種各樣的球，都沒有人願意和他一起玩。

也
彈不了琴

光頭仔沒有脖子，
絕大多數時候，
只能看到他眼前的東西。

"哇！你的鼻子真好看！"

光頭仔的腳也很短
跑步跳高跳遠甚至游泳
他都比別人慢

3

這兩個毫無優點的傢伙
成為了好朋友

Give me 5!

高的地方
兩個一起就能夠得着啦

脖子短，你看左邊我看右邊，
你看上邊我看下邊，就能看盡
所有風景。
別忘了我們這下有四隻眼睛了！

跑不快，但能滾啊！
咱們圓的物體，
滾可比跑更快呢！

跑不掉，
就一起戰鬭唄。
在一起的風景，
和誰都不一樣。

end

LEGO 2024. 10. 24

平凡的一生值得過嗎?
我們都希望答案是肯定的，但現實的回響卻總是充滿殘酷的陰謀。

每個人都生而不同，在大自然中，形形色色的生命都能有各自的綻放，可惜的是，我們已經從一個鼓勵多元的社會走到了又一個近乎全方位固化的社會：無論是個人成長的模式還是所謂成功的標準，都趨於極端單一，這樣的評價體系無疑對於生命與生活而言都是一種毒藥。

若從生命的本質來說，生命本身是毫無意義的，一旦出生就堅定地走向死亡，但所有的生活，都是由一分一秒構成的，在我們生活的微小體會日常中零碎地找回自己，這是對動則宏大敘事的當下，對珍視自我，保護自己的一種有力的回應。

今天不平常

today is special
everyday is special

他不喜歡平常

平常太沒意思了

他總是想盡了辦法
讓每一件事情都不平常

嗚……咻～～

別人覺得很平常的事情
在他眼裏
就能不平常起來

小心燙
不怕

你
可是和花朵聊過天
的人啦！

下雨啦
你嘗過雨水的滋味嗎？
暴雨和毛毛雨的味道
不一樣的哦！

小 螞 蟻
還來陪你寫作業了

原　來

我就是守衛森林的

戰　士！

不平常有甚麼用？

沒甚麼用。

但從今天開始

一切就和以往不一樣了呀！

end

2024.5.12

為甚麼這麼多事情需要知道?
繪本通過主人公光頭仔對各種問題的答覆
展現了作者面對紛繁複雜又困惑重重世界的態度。
不知道，或許並不是甚麼了不起的大事，
儘管面對不完全瞭解的事物，
我們可能會遇到許多挑戰，
但只要守住內心的界限，
也能在這個社會上生存，
狼狽的人生同樣值得過。

不知道先生

Mr " I don't know "

LEGO

能說話的時候開始，

他就會說："不知道。"了

你知道飛機
為甚麼能飛
起來嗎？
不知道

你知道鍋蓋為甚麼會跳舞嗎？

知道

你知道我們藏在哪裏嗎？

不知道

你知道這題怎麼解嗎？

不知道

x + y = ?
how to win ?

你知道下一個動作 嗎？

不知道

"不知道"

他認真地回答

為甚麼這麼多的事情
需要知道？

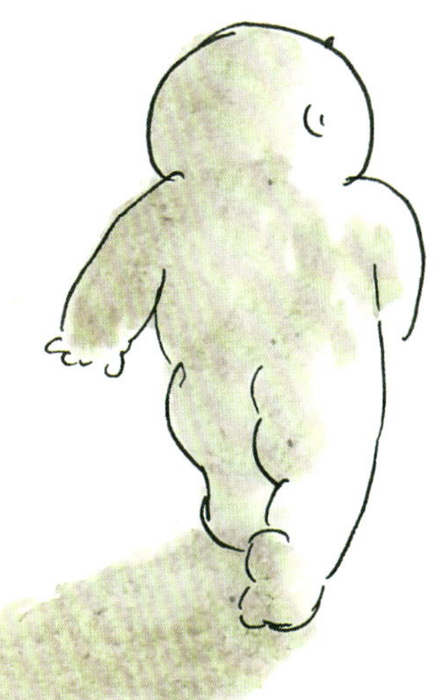

後來，他長大了

你知道你哪裏錯了嗎？

你知道你哪裏錯了嗎？

你知道你哪裏錯了嗎？

這怎麼辦？

"不知道"

他認真地回答

為甚麼這麼多事情
需要知道？

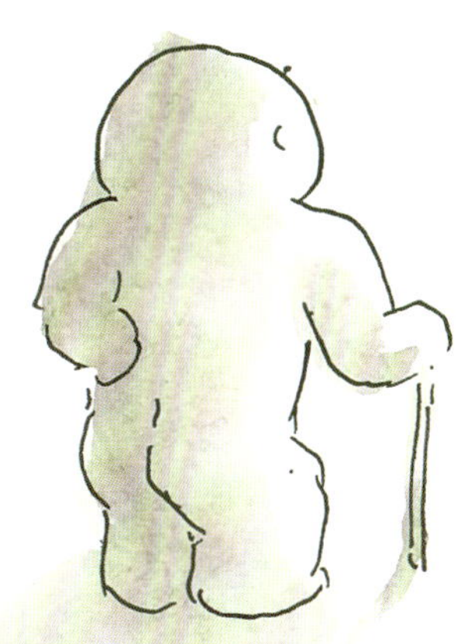

後來，他老了。

你知道這是為甚麼嗎？

你知道我藏在哪裏嗎？

"不知道。"

他認真地回答。

為甚麼這麼多的事情需要知道？

你真是一個

"不知道"先生 啊！

跟自己說"沒關係的"，狼狽的人生也值得過。

end

2024. 3. 31

從小不喜歡睡覺的光頭仔，
曾一度覺得睡覺就是在浪費時間，
不睡覺的時候他可以做很多好玩的事，
直到有一天，
他做了一個精彩紛呈的夢，
才發現原來睡夢中可以發生這麼有意思的事，
從此，他便愛上了睡覺。

睡覺真好呀！

Z Z Z

他從小就是個不喜歡睡覺的小朋友

Z
Z Z Z

他覺得

睡覺，真的很浪費時間。

睡覺多沒意思啊

幾個小時就這麼浪費了

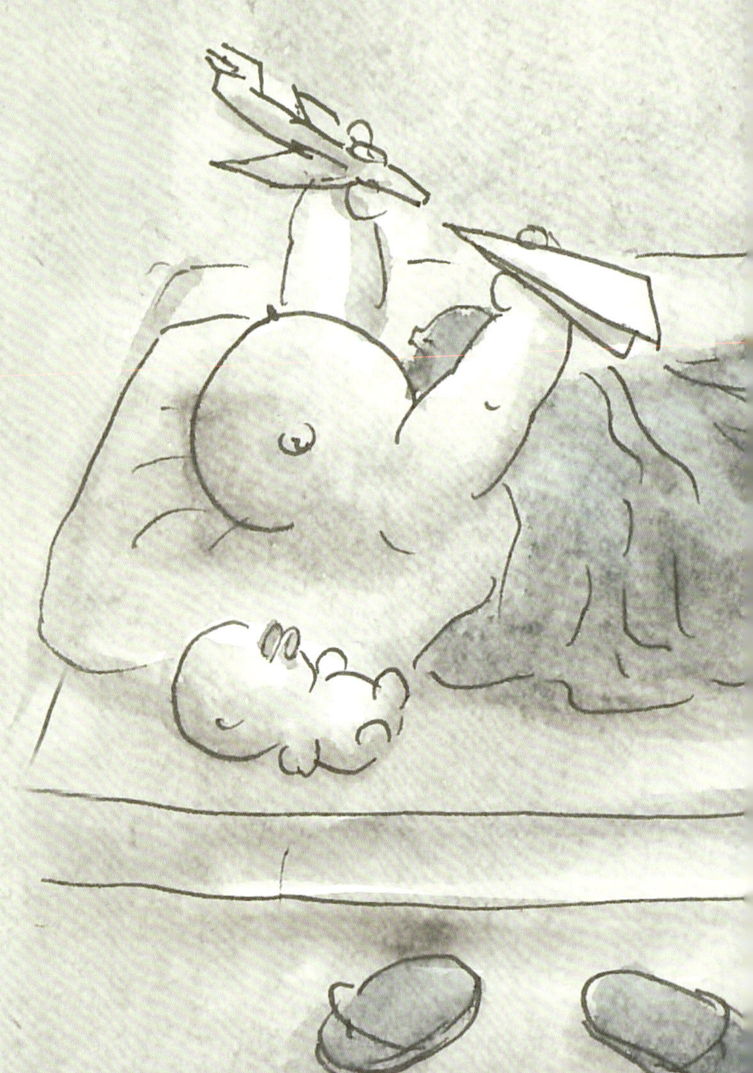

還有這麼多好玩的事情沒做

再見啦我的朋友們
明天見

明天一定要早起

抓緊時間繼續玩

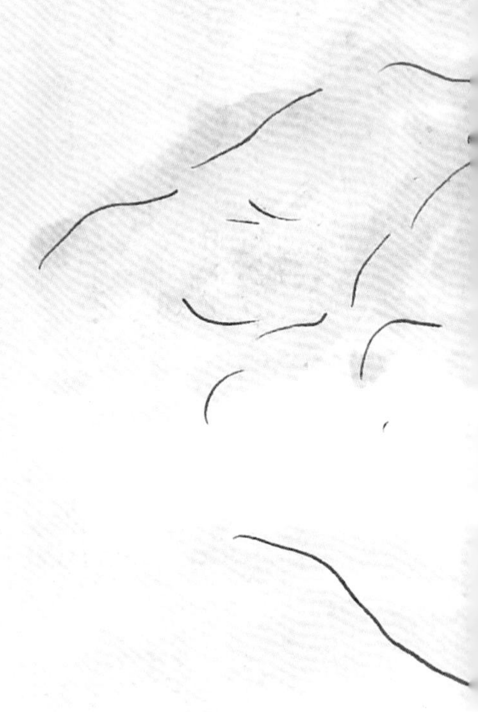

503
306

鈴！鈴！鈴！
起床啦！

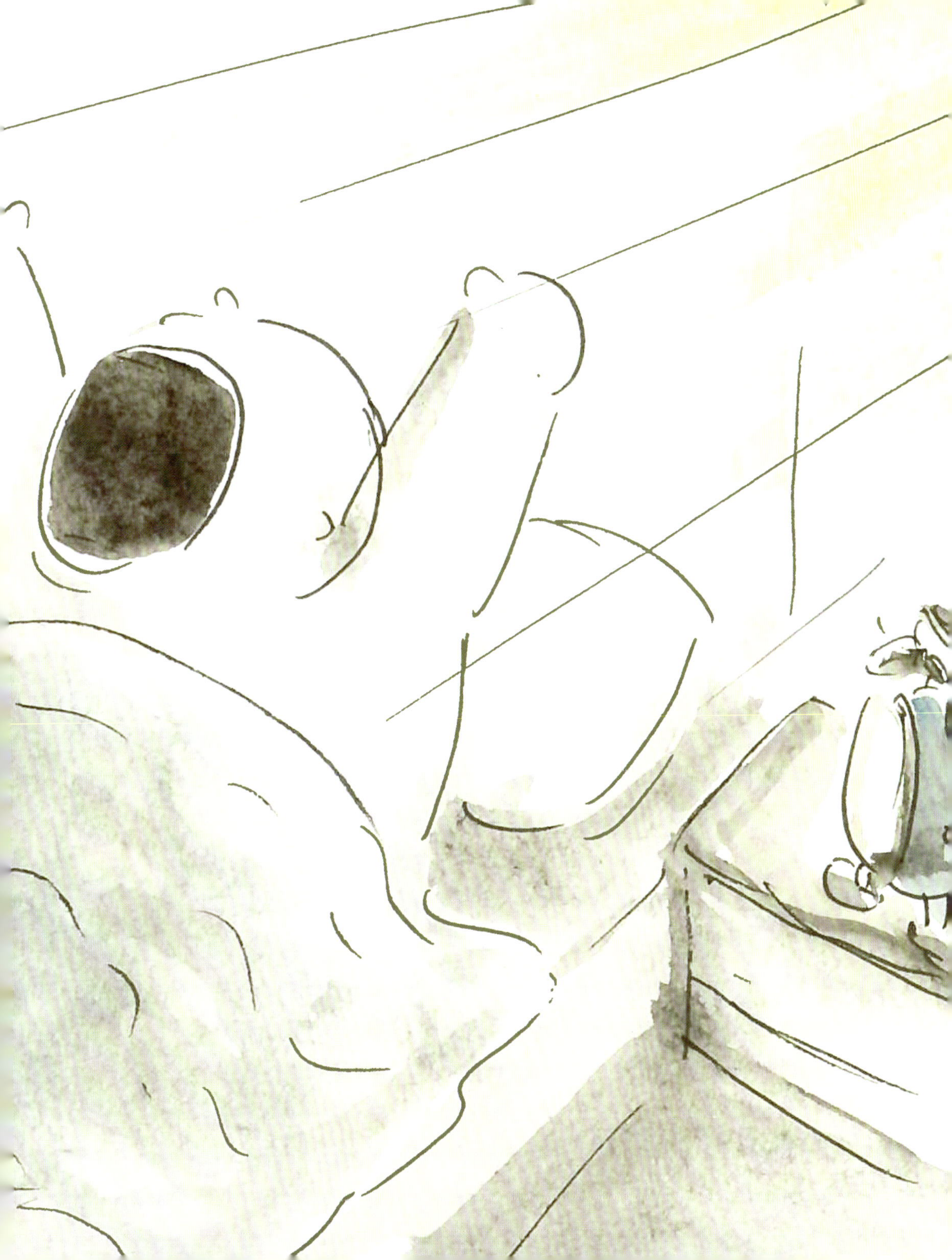

這是一場夢麼？
原來做夢這麼有意思！

哎你的作業……

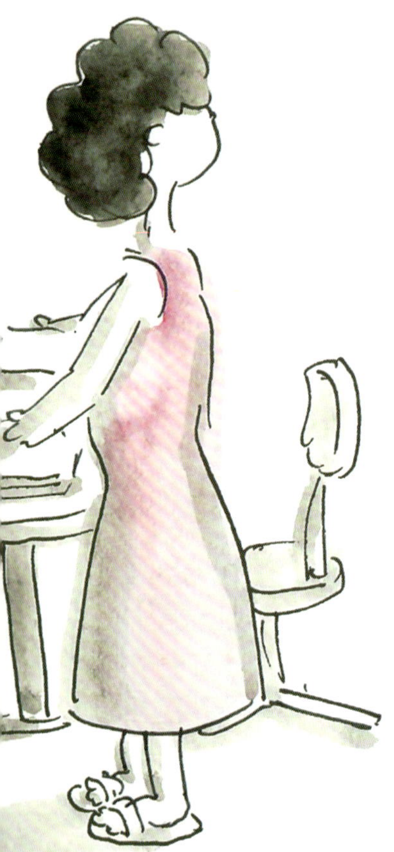

我要去睡覺啦！～
有甚麼事都明天再說吧！

end

2024. 4. 20

與丁香花一樣，
在開花之前，
你有漫長的時間會在無限的寂寥中渡過，
如果以四季來比喻，
你生命中大部分的時間都用於等待春天。
還是說，
你不如嘗試享受寂寥。

丁香未紫之時
to be a lonely walker
as lilacs
LEGO
2024. 11.

除了陽光之外
一切都再普通不過了
草和樹，樹，
它們都被統稱為：
草和樹。
連量詞也都一樣，
一棵棵的草，一棵棵的樹。

丁香在此之間
除了有一塊牌子掛在枝條上
其餘的一切都再普通不過了
凌亂的枝條橫七豎八
攏來的葉子散落其中

有的作家喜歡把這樣的姿態
描述為"生命力"，這倒是有些
恰當的，尤其和野草們在
一起時，看起來像是出自同
一位印象派畫家之手的趣味。
肆意而單調。

紫丁香

"憑甚麼它能掛上牌子？"

有株野草忿忿不平，據它所知，只有有身份地位的植物，才有資格被掛那種牌子。

"而它，不過是和咱們一樣的普通野樹而已，既不挺拔，也算不上蔥鬱，"

"甚至它都沒有我美麗！"野菊花有些激動。

它都時不時有路過的人來摘一兩朵，別在髮髻上。並拍下照片炫耀。

"紫、丁、香！"

"你們看它的名字，居然敢叫這個！"

顯然，野草們覺得這個名字甚至還很好聽。

"它哪裏有一點點香氣？"一株一直沉默的野草終於忍不住了。

"更沒有一絲紫色啊！"

"是不是掛了別的植物的牌子了？"

聲音此起彼伏。

丁香插不上話。

也不知從何說起

有那麼一兩個瞬間
它甚至覺得它們說得對
除了形態和它們略有不同
它有什麼與別不同的地方
麼？幾乎和它們一起被
風帶到這個地方來，日復
一日地生長了起來。
某日，就來了幾位穿着模
樣的人，對着它交談了片
刻，就給它掛上了那塊，
讓大家爭論不已的牌子。
它從那時開始，才知道自己有名字。

狂風來時
它們都被吹得
東倒西歪的

暴雨來時
它們都被沖得
東倒西歪的.

我卻是在一夜之間

一簇一簇的紫色小花

開滿了枝頭

整棵樹，都變成了

紫紅色，並散發出

了濃郁的清香。

人們和蜜蜂
一樣，從四面
八方趕過來，
就為了在這一片
紫色的海洋中
感受此刻，被
紫色與香氣包
圍的幸福感。

它終於知道，
它為甚麼叫
紫丁香。

它們也明白了，
它不會一直都
像野草一樣。

2024. 11. 21
end.

日子要慢慢來。

我們活在一個越來越快的世界：
越來越快的速遞、越來越快的網路、越來越快的汽車、越來越快的步伐……
走在電梯上都恨不得跑起來。

只是，有沒有想過要那麼快幹甚麼？
我們走得越來越快，人越來越累，路上的風景越來越模糊，
終於有一天發現，還沒好好感受生活，生命就走到頭了。

我們去散步吧

Let's take a walk!

LEGO

散步，是他和爸爸最喜歡做的事情之一。

這件事開始於幼兒園，因為幼兒園離家不遠也不近，工作太忙的爸爸為了能有更多和他呆在一起的時間，便提出了，不如走路接送。

為了讓步行變得有趣，爸爸提議：把步行變成散步。

就這樣，他們散步的日子開始了。

"步行和散步不一樣嗎？"他有些疑惑。

"當然不一樣"爸爸認真回答"走路，只是個動作。而散步，每一步都應該是享受。"

爸爸停頓了一下，彷彿沉浸在一種欣喜的情緒中，隨即接着補充道：

"去看，去聞，去觸摸，去感受你走過的每一步。嗯，相信我，散步能欣賞到很多很多風景！"

"哦？"他並不懂"哦！"但他相信爸爸。

"你看，
陽光透過梧桐樹葉落在你手掌上，
像不像一隻發光的蝴蝶？"

他和爸爸在散步的路上
經常能發現很多有趣的東西。

散步，你才有機會欣賞

一池小水窪的美妙。

那小松鼠的爬樹絕技，啄木鳥的巨大動靜，
可不是誰都能看得到哦。

看！麻雀打架！

看！小狗尿尿～

他教會爸爸：雞腿菇沒有毒，雖然有個很兇猛的名字，卻毫不影響它美味非常。

一口！我們剛才
的，我給炒了！

過拍打西瓜皮聽聲音
辨成熟度這個能耐，
爸一直學不會。

烤紅薯和糖炒栗子哦，
都必須要剛出爐的才好吃。

至於大風的歌唱

雨的清香

都是任憑再怎樣描述，
都無法讓你
感同身受的滋味。

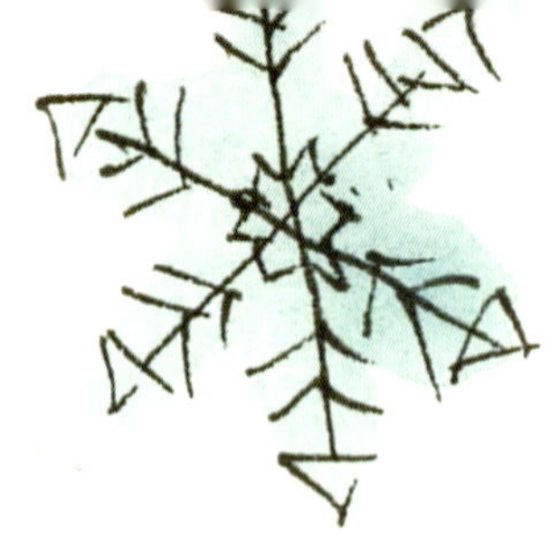

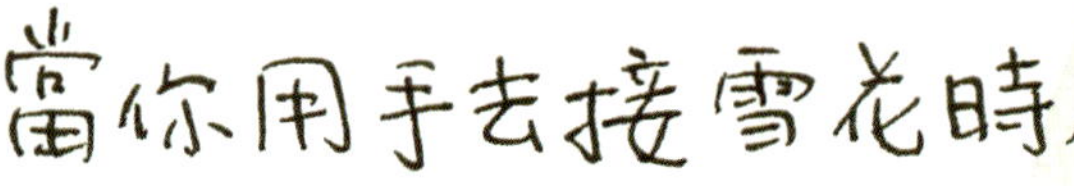
當你用手去接雪花時,

它會像人蔘果落地一樣神奇地消失。

"嘎吱嘎吱"的踏雪聲，
和"撲"一下栽進雪堆中，
你會完全忘記了
被凍到通紅的手和鼻子。

可是，散步很慢啊！

每天都要早起！

唰~

沒關係啦！
早起還能看見園丁澆花哦，
人造彩虹真漂亮！

說了這麼多，你是不是覺得散步真神奇？
其實，散步只是讓你慢了下來，不再僅僅追求從一個地點到另一個地點的結果，而要學會享受路上的風景，學會欣賞過程。

用腳步去丈量世界，你就會發現原來有那麼多的美曾經過你，但你走得太快，它們就會被錯過。

所以，走吧。

讓我們一

散步去！
end
2024.6.1

當到了人生的某個階段，
兒子、父親、爺爺三代人之間就只能靠模糊的記憶維繫，
作為一名父親，
總要面對孩子的許多疑問，
其中一個就是：「爺爺去哪了？」
這似乎是一個很難回答的問題，
也正是記憶中微妙的情感紐帶，
在人的腦海留下了最深的印記。

爺爺去哪了？

小時候見過爺爺，

剛出生不久的時候，他抱過我。

我記得他的笑臉，

和爸爸的笑臉一模一樣。

很多人都說人太小的時候不會形成記憶，

我覺得這不對。

後來，

在爸爸拍的照片中，

我看見他抱着我的 樣子，

證明了我的記憶是對的。

不記得從哪天開始，就再沒見過爺爺。

我問過爸爸，

爸爸說：爺爺去了天堂出差。

喔，出差了。

爸爸也經常出差。

那他甚麼時候回來？

天堂漂亮嗎？

他是坐甚麼交通工具去的？

爺爺去那裡出差是要做甚麼生意嗎？

我的問題真多，

爸爸一個一個回答我。

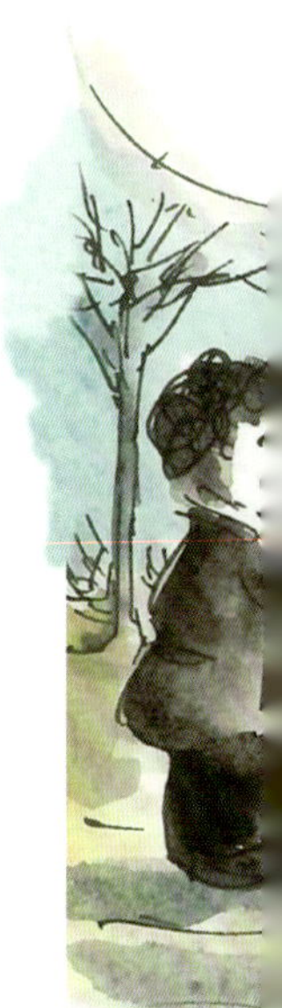

爸爸說，爺爺偶爾是會回來的。

有時候回來看看奶奶

有時候回來看看你

奖状
作業

只是，天堂太遠了，和我們有時差

因為和天堂的時差，

所以我們總是會錯過。

就像爸爸去了國外出差時，

想和你或媽媽通電話，

總會遇上因為時差的關係導致不能如願的情況。

東京
巴黎
天堂
北京
悉

他晚上來看我們的時候，

我們都在睡覺，

因此偶爾能在夢中相見。

我有時候在夢裏，還會和他喝上兩杯。

白天他回到家裏時，我們又正好去上學或着在上班。

那我們白天不在家的時候，

他為甚麼不給我們寫留言呢？

就像，

媽媽或者你出差時，

都會給我寫留言條一樣。

又或者，

給我發信息，用手機。

親愛的寶貝：
你好嗎？最近都有
些甚麼好玩的事情
我在天堂一切都

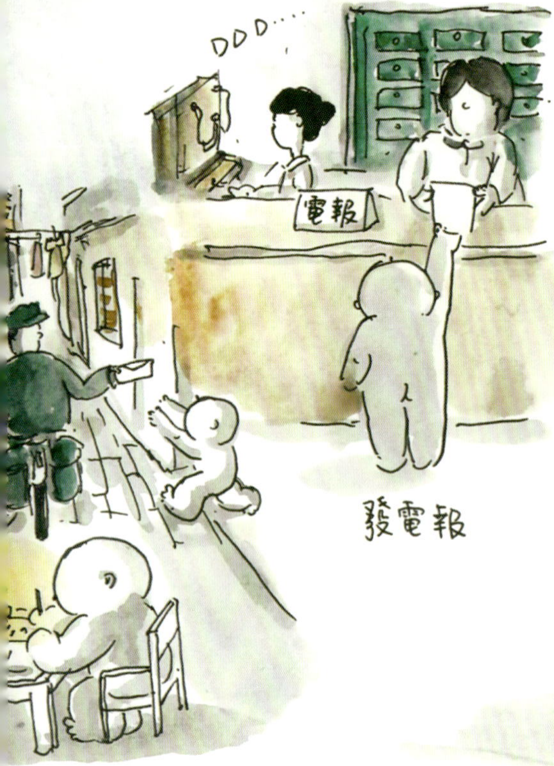
DDD.....
電報
發電報

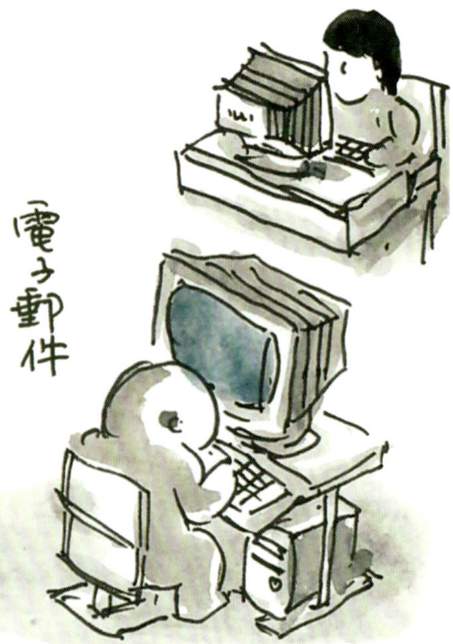
電子郵件

電話手錶

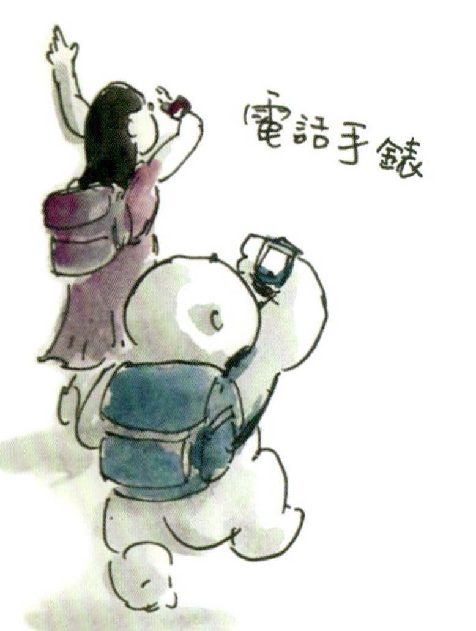

你看啊，

短短幾十年間，

我們人和人之間的聯繫方式

經歷了好多時代的變化了。

你和你的小夥伴們，

現在都用電話手錶聯繫了。

傳呼機
無線電話

電話
公用電話
電話

移動電話1-5G

而天堂和我們的聯繫，
是目前最高級的，
靠的是心靈感應。

有時候，
你看見雲朵飄過，花香撲鼻，
你會忽然覺得爺爺來看你。

有時候，

你看見窗邊的小鳥衝你歌唱，

小貓停下向你微笑，

你會想

這是不是爺爺託牠們發來的消息。

有時候，
你會遇到自己覺得很大很大的困難，
難到甚至覺得過不去。
這時你應該安靜地去看看書，
看看爺爺的藏書。

當你見到爺爺的筆記或體會時，
你或許會忽然就能知道
這個問題該怎麼解決。

甚至，你會忽然發現，
這其實根本就不是一個問題。
那就是
你和爺爺有了心靈感應的一瞬間。
你們有了聯繫啊。

那

爸爸，

我們是不是以後都有機會去天堂出差？

是不是那就是人們常說的，

死亡？

是的，

總有一天我們都會打開那扇門，

到那個地方去。

哦，我好像明白了。

除了聯繫的方式還有些不習慣之外，

我覺得一切都還好。

嗯，我也覺得是。

獻給我的父親梁超岳先生

及我的孩子

end

2024. 3. 13

光頭仔·非日常

Gwong Tau Zai X-Factor

梁賀 LEGO Liang 繪著

責任編輯 梁嘉俊
裝幀設計 非凡出版編輯團隊
印　　務 劉漢舉

出　　版 非凡出版
香港北角英皇道 499 號北角工業大廈一樓 B
電話：（852）2137 2338
傳真：（852）2713 8202
電子郵件：info@chunghwabook.com.hk
網址：http://www.chunghwabook.com.hk
發　　行 香港聯合書刊物流有限公司
香港新界荃灣德士古道 220-248 號荃灣工業中心 16 樓
電話：（852）2150 2100
傳真：（852）2407 3062
電子郵件：info@suplogistics.com.hk
版　　次 2025 年 7 月初版

規　　格 16 開（240mm x 170mm）
I S B N 978-988-8913-27-5